QuickBooks® en Español

Creando su Empresa

Creando Su Empresa

Irama González

Título Original:
QuickBooks® en Español

Diseño y Graficación: Maria Elena Da Silva

La Autora

Irama González es Licenciada en Administración de la Universidad Santa María (USM) de Venezuela, Certificada en QuickBooks® y ejerce como Consultora del programa desde hace más de 10 años.

Actualmente es Instructora privada y dicta cursos de QuickBooks® en MDCC en Miami, además de ofrecer consultoría y servicios privados en relación a este programa.

Su interés principal en la creación de esta serie de guías en español es educar a los usuarios hispanos en la utilización de este versátil programa para que les permita conseguir empleos seguros y aportar en el desarrollo de las empresas que lo utilizan, así como familiarizar a los consumidores hispanoparlantes con las terminologías contables en el idioma inglés.

Irama González - Quickbooks® Certified ProAdvisor
Email: info@gandiconsulting.com
www.gandiconsulting.com

Introducción

Bienvenido a la serie QuickBooks® en Español. Esta guía inicial "Creando su Empresa" lo llevará de la mano en la creación de su archivo de datos para su nueva empresa, no importando si su empresa ha funcionado por varios años, o está siendo creada en el momento en que usted adquiere este programa. Siempre tendrá la oportunidad de organizarse financieramente para poder lograr las metas que se ha trazado.

Le diremos paso a paso como crear su empresa en QuickBooks® de acuerdo a la naturaleza de su negocio.

Asimismo, contará con una lista de términos que comúnmente se utilizan en la creación de una Empresa en QuickBooks®, para que se familiarice con los vocablos contables más frecuentes y en su idioma.

Una Empresa en QuickBooks® contiene toda la información Financiera de la misma.

Al iniciar el uso de QuickBooks®, éste le solicitará información de su Negocio, para poder generar el archivo de datos de su Compañía (Company Data File)

- La entrevista EasyStep lo guiará paso a paso a ingresar la siguiente información de su empresa:

  o Información de la Empresa/Company Information
  o Lista de Cuentas, dependiendo de su tipo de negocio/Chart of Accounts Based on your Industry
  o Tipo de Organización/Company Organization
  o Información de Ventas/Sales information
  o Información de Impuestos/Sales Tax information
  o Estimados o Presupuestos/Estimates
  o Recibos de Ventas/Sales Receipts
  o Preferencias/Preferences
  o Fecha en la que Ud. comenzará a usar QuickBooks®/Business Start Date
  o Creación de Cuentas e Ingresos de los Balances Iniciales/Creating an Account and Entering the Opening Balance
  o Revisión de la lista de Cuentas/Reviewing the Chart of Accounts
  o Finalizar la creación del Archivo de la Empresa/Completing Company File Setup

Creando una Nueva Compañía en QuickBooks

Para comenzar a crear la empresa:

1. Abra QuickBooks. Aparecerá la Ventana de la imagen. Seleccione **Create a New company** o **New Company** *(Crear una Nueva Compañía)* o desde File en Menu Principal Seleccione **New Company**

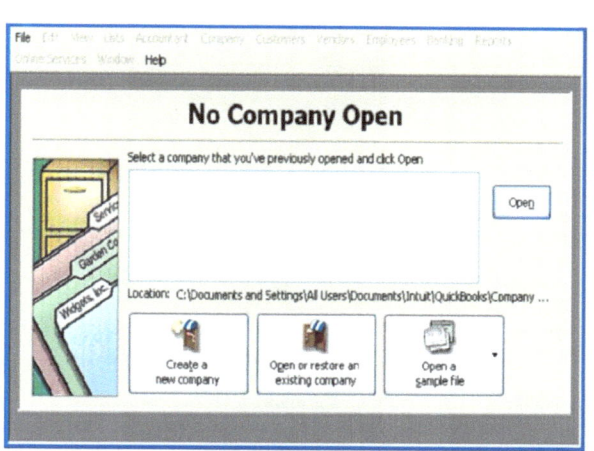

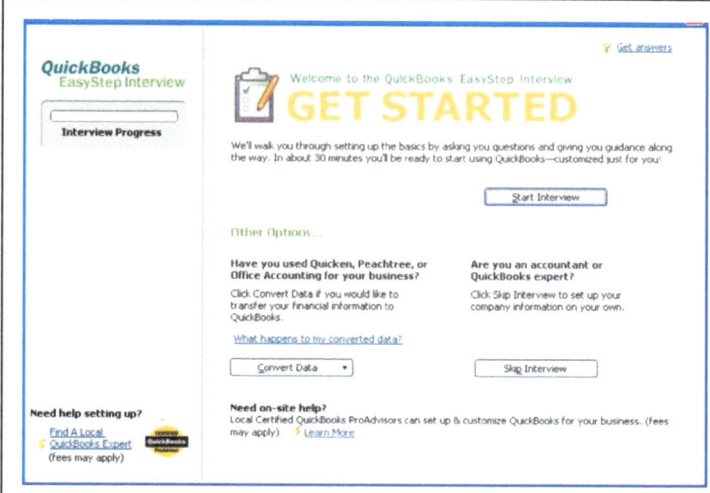

2. QuickBooks le mostrará la siguiente ventana

3. Seleccione **Start Interview** para comenzar.

Ingresando Información de la Compañía
(Company Information)

A través de este ejercicio práctico, usted aprenderá cómo crear una Compañía en QuickBooks, a nuestros efectos la que llamaremos: **FORTUNA, INC.**

---

1. En el Nombre de la compañía, escriba: **Fortuna, Inc,** y presione Tab.

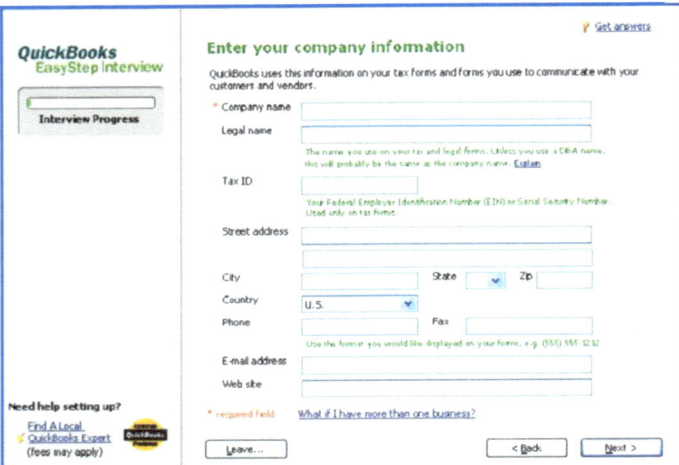

2. Presione Tab nuevamente y escriba: **65-1234567** como el federal Tax ID (*), luego presione Tab

3. Ingrese la siguiente información para la dirección: Ciudad, Estado y Código de área:
   1100 NW 100 CT
   Miami, FL 33170

4. Ingrese la siguiente información:
   Phone #: 305-555-1234   Fax #:305-555-5678

5. Ingrese la siguiente dirección de correo electrónico y la pagina WEB.
   Email: fortuna@samplename.com
   Website: www.fortuna.com

6. Presione **Next.**

(*) En los Estados Unidos, el **"TAX ID Number"** es el número de identificación de su empresa que es utilizado para sus impuestos. Si usted esta creando esta empresa y la misma no es de Estados Unidos, puede dejar este espacio en blanco o incluir el número de identificación de impuestos de su empresa en su país

Creando la Lista de Cuentas
(Chart of Accounts)

Identifique la Naturaleza de su Negocio para crear su Lista de Cuentas (Chart of Accounts).

Para continuar con nuestro ejercicio, digamos que **Fortuna, Inc**. es una Corporación dedicada a la Venta y Distribución de productos al por Mayor.

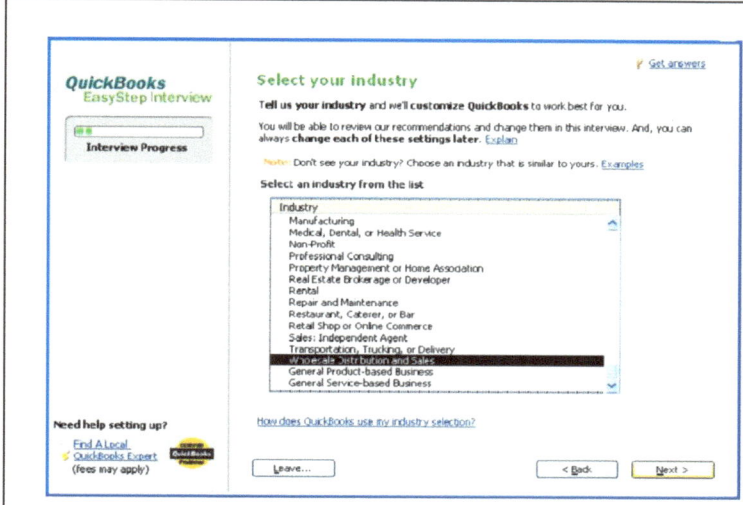

1. En la ventana de "Select your industry", seleccione **Wholesale Distribution and Sale** de la lista de Industrias

Nota: En algunas versiones de QuickBooks el tipo de Industria aparecerá como: "Manufacturing", "Wholesale", "Distribution and Sale" etc., lo importante es que identifique correctamente su tipo de negocio en este listado.

2. Presione **Next**.

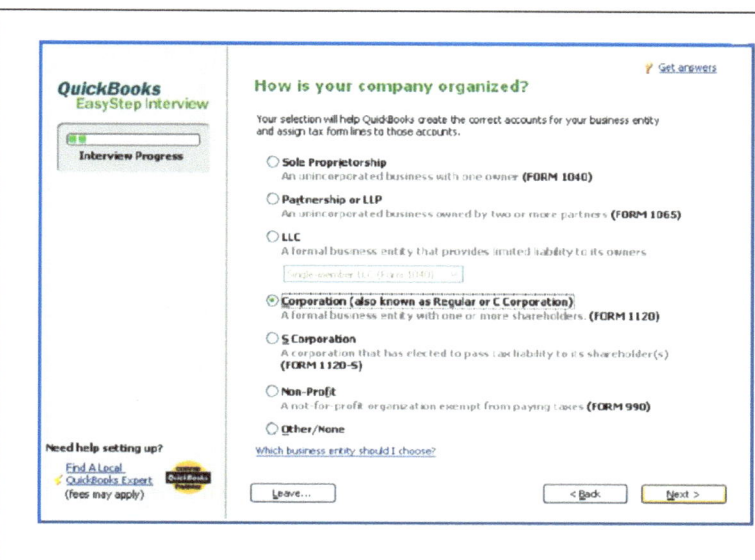

3. Seleccione **Corporation**

4. Presione **Next**.

Los tipos de empresas o corporaciones varían de acuerdo al país. Si su empresa no es de los Estados Unidos, o si usted esta creando una Empresa en QuickBooks para contabilizar sus finanzas personales, seleccione **Other/None.**

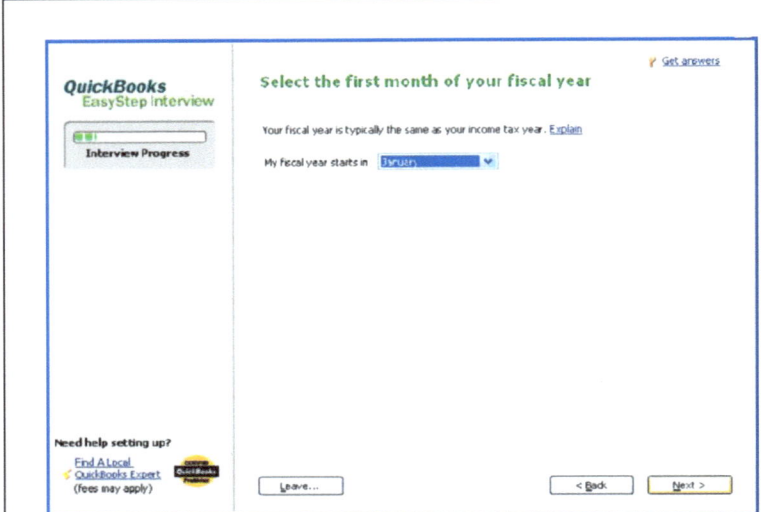

QuickBooks necesita saber la fecha en que se inicia su año fiscal

1. Como el año fiscal de Fortuna, Inc. se inicia en Enero (January), deje **Enero (January)** seleccionado

2. Presione **Next**.

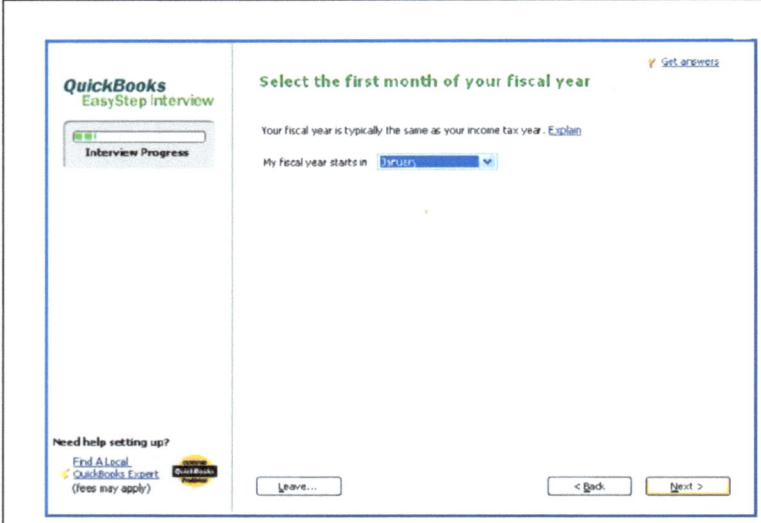

3. En la creación de la clave del administrador, presione la tecla del **Tab** dos veces

4. Seleccione **Next**

Por razones de seguridad QuickBooks crea automáticamente **El administrador del Programa**, que es la persona que tiene todos los derechos, la que puede realizar cualquier cambio en él. Cuando más de una persona va a trabajar en el QuickBooks, se recomienda crear usuarios y claves para estos, especificando los derechos de ver, elaborar, o imprimir documentos. En este caso, usted como administrador deberá ingresar su Clave o Password y cada vez que abra el programa tendrá que ingresar dicha clave.

De esta forma QuickBooks le permite ver a través de reportes especiales, que usuarios han realizado que funciones en él, y al mismo tiempo limita el uso de ciertas áreas de usuarios.

1. Seleccione **Next** para guardar el archivo.

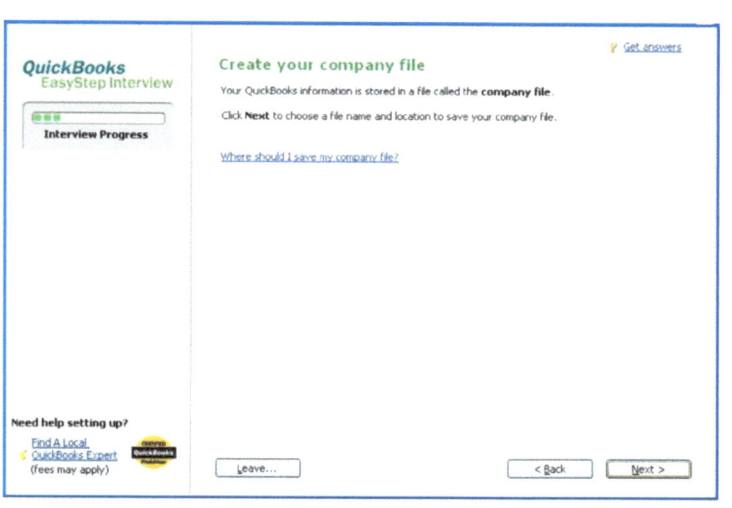

2. En "Filename for New Company", seleccione **Save** para aceptar el nombre de "Fortuna, Inc." y almacenar la información de la Compañía

Una vez que ha guardado su archivo, QuickBooks le indicará que va a "Personalizar" –**Customize** el programa de acuerdo a su tipo de empresa, es por ello que aparecerán una serie de preguntas que usted deberá contestar.

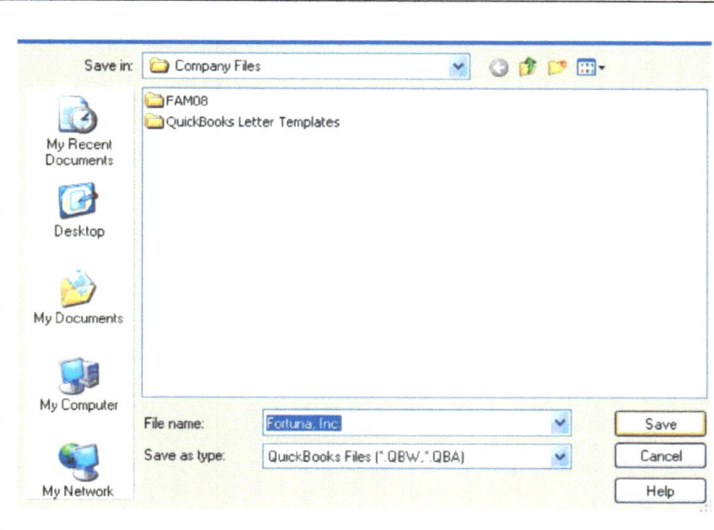

Personalizando el Programa según el Tipo de Empresa
(Customize)

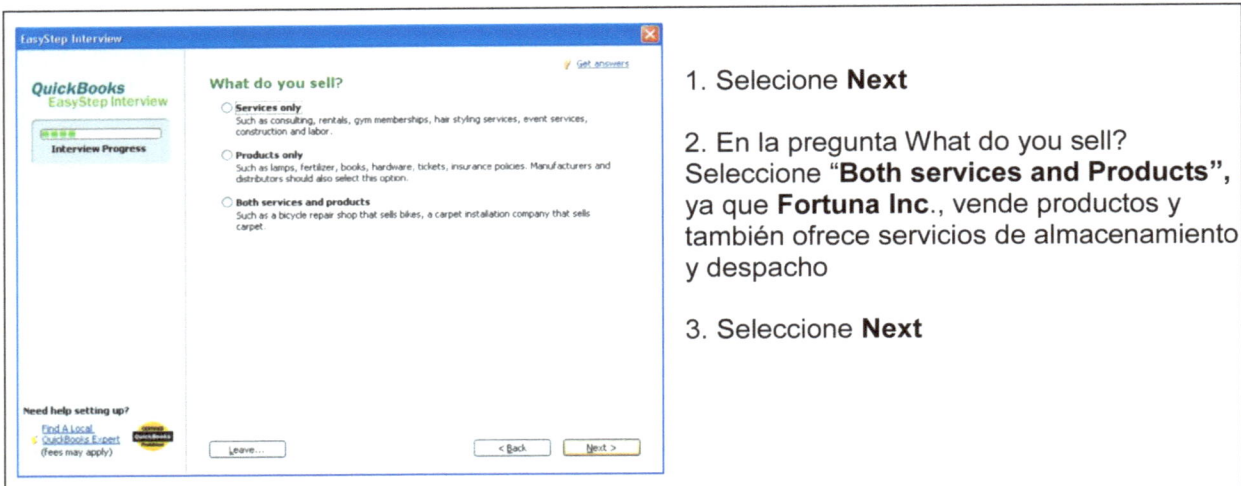

1. Seleccione **Next**

2. En la pregunta What do you sell? Seleccione "**Both services and Products**", ya que **Fortuna Inc**., vende productos y también ofrece servicios de almacenamiento y despacho

3. Seleccione **Next**

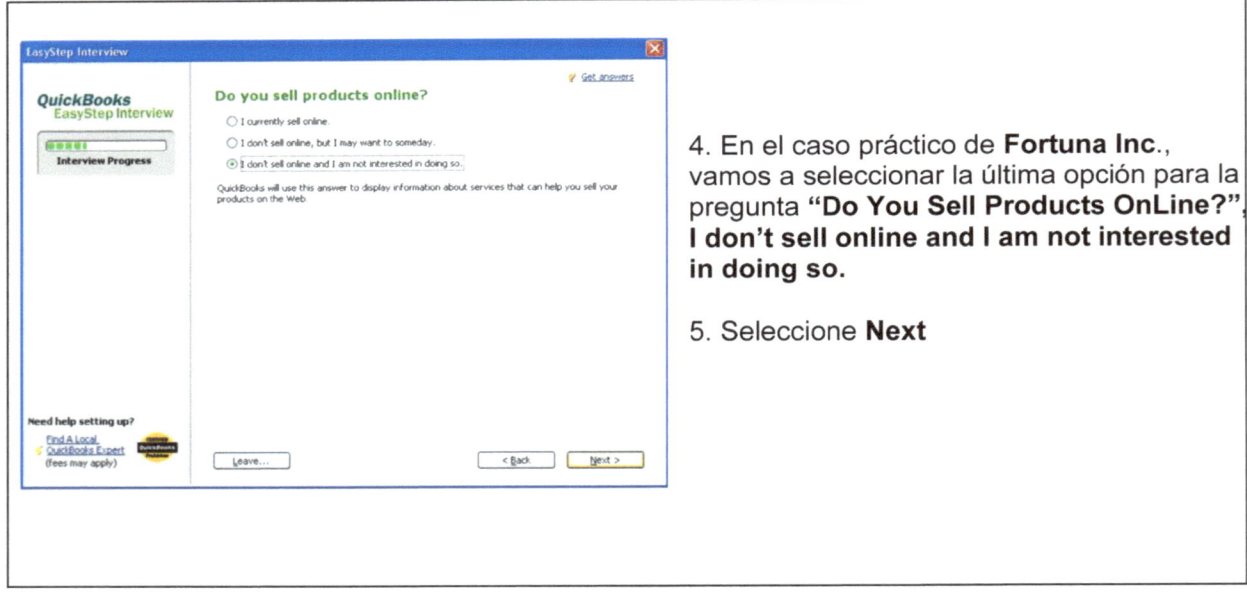

4. En el caso práctico de **Fortuna Inc**., vamos a seleccionar la última opción para la pregunta **"Do You Sell Products OnLine?"**, **I don't sell online and I am not interested in doing so.**

5. Seleccione **Next**

Ingresando Información de Impuesto a las Ventas
(Sales Tax)

Si Ud. No cobra Impuesto debe inactivar la función de Sales Tax. Fortuna, Inc. típicamente no cobra el impuesto a las ventas o sales Tax, porque la naturaleza de su negocio esta exento de recolectar impuestos, sin embargo, Fortuna, Inc. en algunas ocasiones realizará ventas al detal, donde deberá recolectar el impuesto a las ventas, entonces vamos a activar esta función en QuickBooks

Activando la función de Sales Tax en QuickBooks:

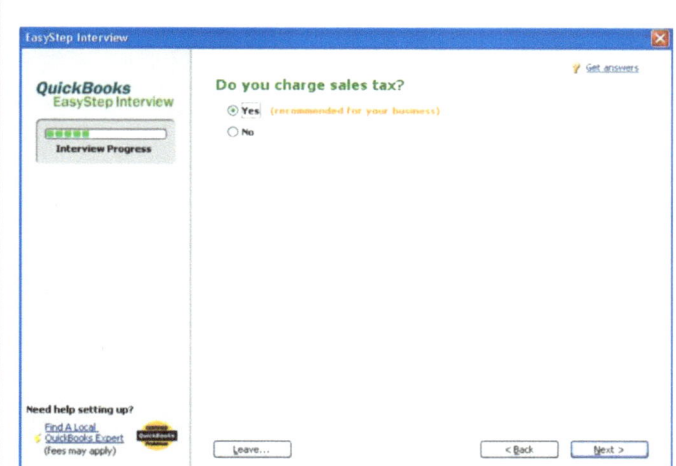

1. A la pregunta **"Do You Charge Sales Tax?"**, Selecione **Yes** y luego **Next**

QuickBooks automáticamente crea una cuenta de pasivo o Current Liability Account llamada Sales Tax Payable, que registra todos los impuestos recolectados en su negocio.

En los Estados Unidos, el Impuesto a las ventas es el Sales Tax, usted siempre podrá cambiar el nombre de este impuesto, e ingresar el nombre del impuesto a las ventas de su país, para que aparezca así en su factura. Refiérase al libro "**Sales Tax o Impuesto a las Ventas**"

Creando Estimados (Estimates)

Si UD. provee a sus clientes algún tipo de Respuesta como Estimados, Ofertas, Requisiciones o Cotizaciones, Quickbooks le permitirá:

- Preparar Estimados detallados con una imagen profesional para sus clientes.

- Le permite crear una Factura desde un Estimado con sólo presionar un botón.

- Le permite crear reportes que reflejarán la rentabilidad y costos de un estimado, Vs. el costo y rentabilidad real.

- Compara su costo actual contra su costo estimado.

- Le permite verificar que Estimados están aún activos, lo que le permitirá actualizarlo, mientras UD. continúa con las negociaciones con ese especifico cliente.

Creando Estimados para su negocio:

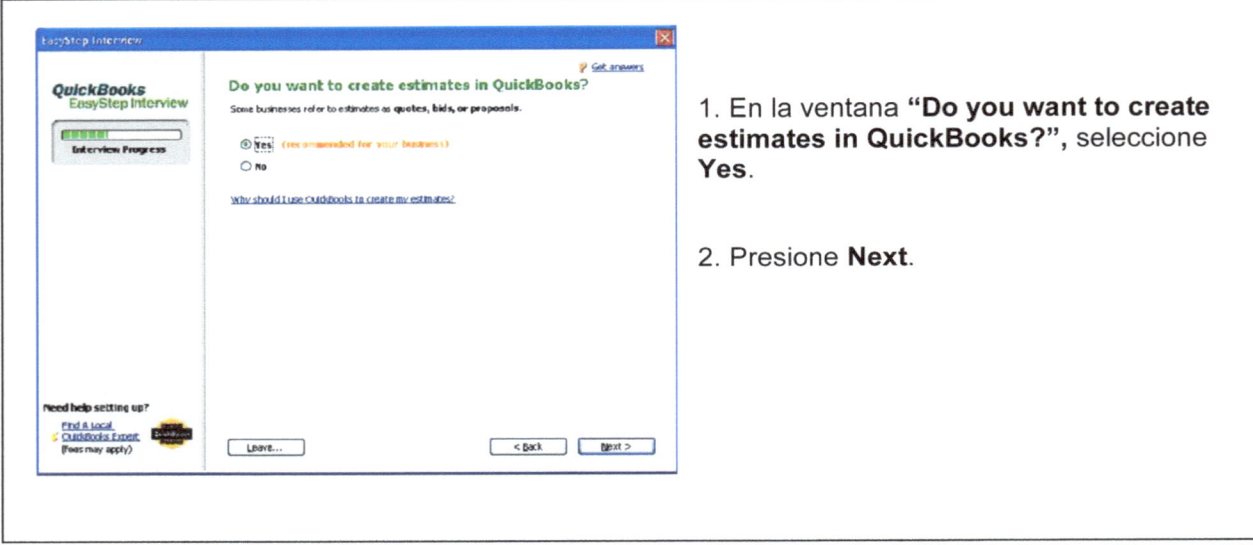

1. En la ventana **"Do you want to create estimates in QuickBooks?"**, seleccione **Yes**.

2. Presione **Next**.

Creando Pedidos de Clientes (Sales Orders)

Si usted está abriendo una nueva empresa en la versión PREMIER o ENTERPRISE de QuickBooks, se le preguntará si desea utilizar **Sales Orders**

1. A la pregunta "**Do you want to track sales orders befote you invoice your customer?**" Selecciones **Yes**

2. Presione **Next**

Usted obtendrá de esta forma el registro de mercancía que sus clientes han ordenado pero que usted no tiene disponible en el almacén en el momento, en inglés se le denomina **BACKORDERS.**

Recuerde: Sólo las ediciones Premier o Enterprise de QuickBooks cuenta con Sales Orders o Pedidos.

Creando Recibos de Ventas (Sales Receipts)

Los Sales Receipts o Recibos de Ventas, son un formulario de ventas, como las facturas, pero sólo se utilizan cuando las ventas son realizadas en el mismo momento que se recibe el dinero <Ventas al Detal>.

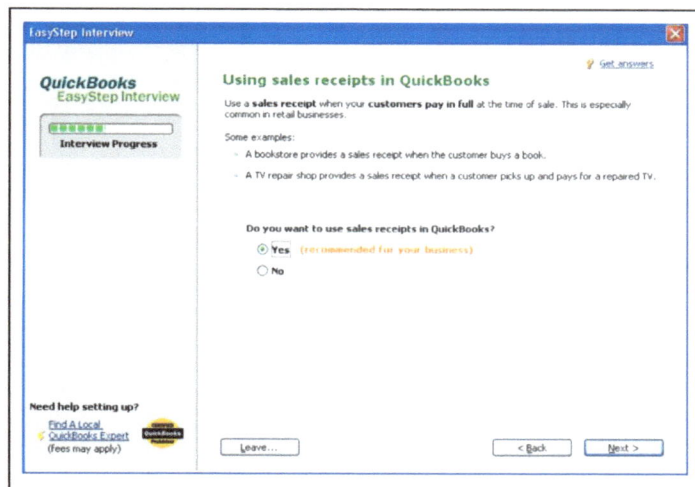

1. Seleccione **No**, a la pregunta si desea utilizar recibos de ventas.

2. Seleccione **Next**

Seleccionando las demás preferencias

Las próximas ventanas, tendrán una serie de preguntas cerradas, con respuestas de SI o NO, las cuales activaran o desactivaran las funciones, de acuerdo al tipo de industria. Para Fortuna Inc., complete las preferencias con las siguientes respuestas:

Para las siguientes Preguntas	Seleccione
Do you want to use Billing statements /Facturacion por Estado de Cuenta	**No**
Do you want to use Progress invoicing /Facturas Progresivas	**Yes**
Do you want to keep Track of Bills you owe /Cuentas por Pagar	**Yes**
Do you print checks?/Usted Imprime cheques?	**I print checks**.
Inventory /Inventario	**Yes**
Do you Accept Credit Cards/Tarjetas de Crédito	**I accept credit cards and debit cards**
Do you want to Track time in QuickBooks / **Seguimiento del Tiempo**	**No**
Do you have Employees /Tiene Empleados	**No**

La última pregunta de esta parte de la entrevista es **Do you want to track multiple currencies in QuickBooks**, para este ejercicio, seleccionaremos **No** y luego seleccione **Next** . Refiérase al manual **Multimoneda.**

La función de Multimoneda sólo la verá si está creando un archivo en QuickBooks 2009, ya que esta excelente función fue introducida en dicho año. La función de Multimoneda, le permite establecer en QuickBooks su moneda local como moneda base, es decir si su negocio es en Méjico, entonces su moneda de casa (Home) será Peso Mejicano, al mismo tiempo le permite contabilizar proveedores y clientes en monedas extranjeras.

Con excepción de la funcion de multimoneda, Ud. siempre tendrá la opción de cambiar estas preferencias después de la entrevista de EasyStep. Desde el la barra de ayuda o Menú Principal, seleccionando **Edit,** luego **Preferences**, y finalmente seleccione el tipo de preferencia a su izquierda.

Utilizando las cuentas en QuickBooks

(Using accounts in QuickBooks)

Seleccione **Next** a la ventana **Using Accounts in QuickBooks,** esto le llevará a revisar las cuentas para registrar todas las transacciones contables, recuerde, aún cuando usted sólo realiza transacciones en QuickBooks como crear facturas, Registrar de Depósitos o emitir cheques, QuickBooks esta realizando todos los asientos contables necesarios para que usted puede ver al final sus estados financieros correctamente

Seleccione el día en que comienza a ingresar información en QuickBooks

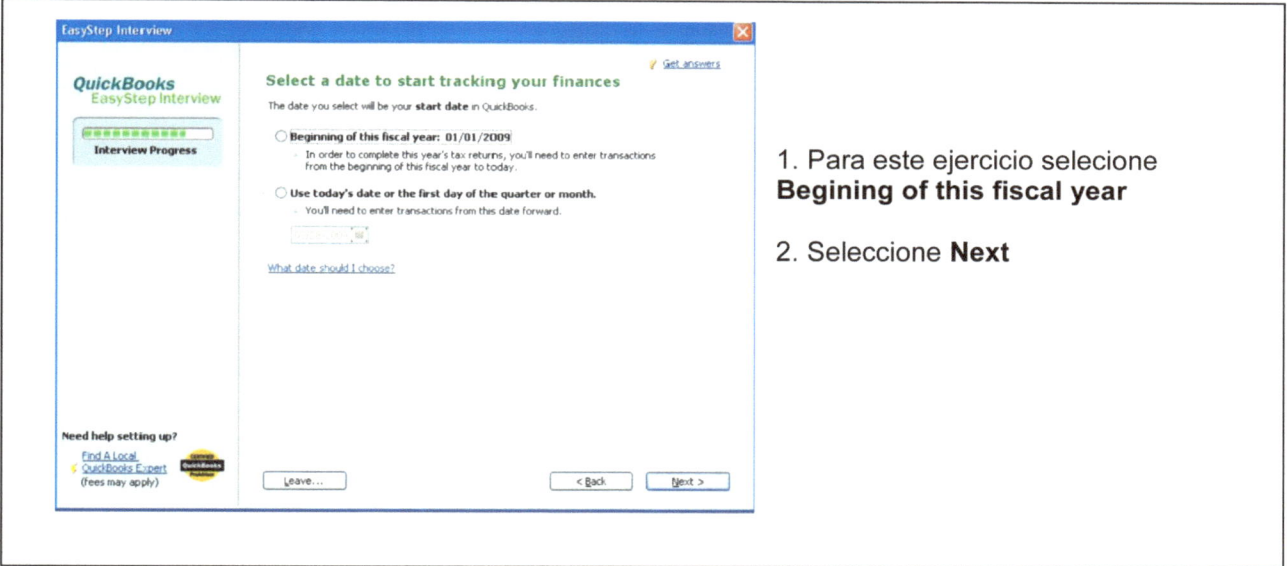

1. Para este ejercicio selecione **Begining of this fiscal year**

2. Seleccione **Next**

Esta es la fecha en que usted va a comenzar a ingresar información en QuickBooks, no la fecha en que esta creando la empresa en QuickBooks. Es decir, si usted está creando la empresa en el mes de Marzo, pero desea ingresar información desde el mes de Enero, ingrese Enero como la fecha, e ingrese las transacciones históricas con la fecha en que fueron realizadas realmente.

Creando su Cuenta de Banco
(Add your Bank Account)

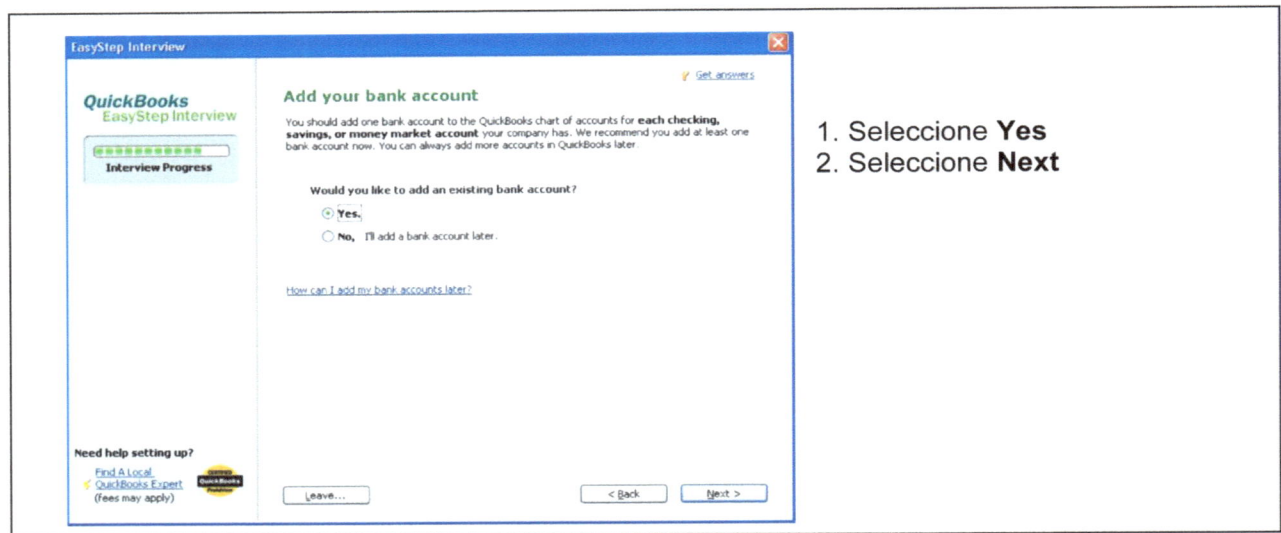

1. Seleccione **Yes**
2. Seleccione **Next**

3. En este momento Ingresaremos el nombre de la institución Bancaria y la fecha en que abrió la cuenta. Para este ejercicio Práctico, usaremos **"Banco de Las Americas"** luedo presione **la tecla del Tab tres veces.**

4. Seleccione **on or after** y Presione **la tecla del Tab dos veces**

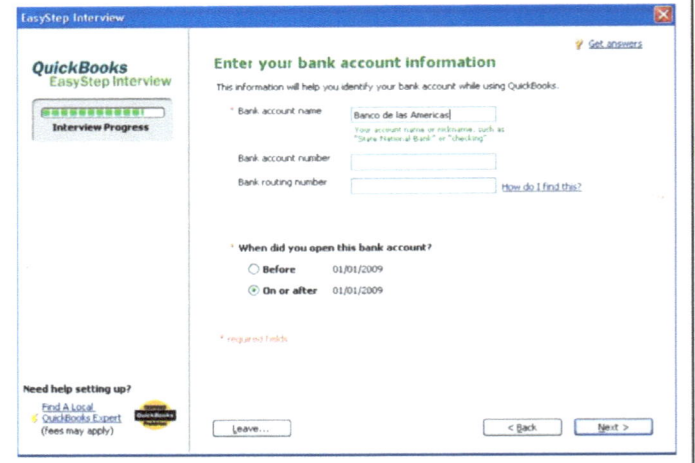

NOTA: Aunque QuickBooks le provee de campos para ingresar los Números de Cuentas Bancarios, evalúe por su seguridad el ingresarlos o no

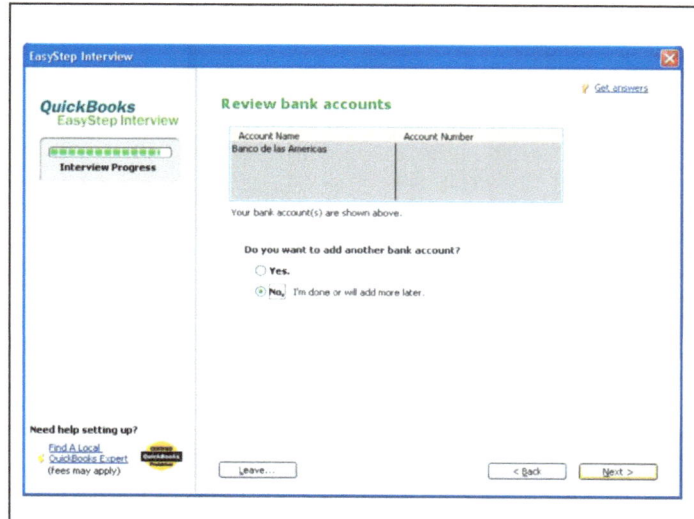

5. A la pregunta **"Do you want to Add another Bank Account?"**, Seleccione **No.**

6. Presione **Next**

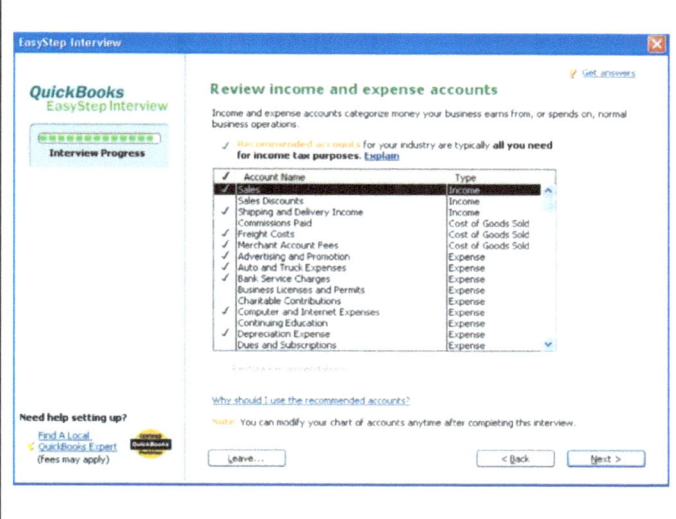

En este momento QuickBooks le mostrará las cuentas que ha creado para contabilizar sus Finanzas, siempre podrá agregar, crear o cambiar las existentes

7.- Presione **Next**

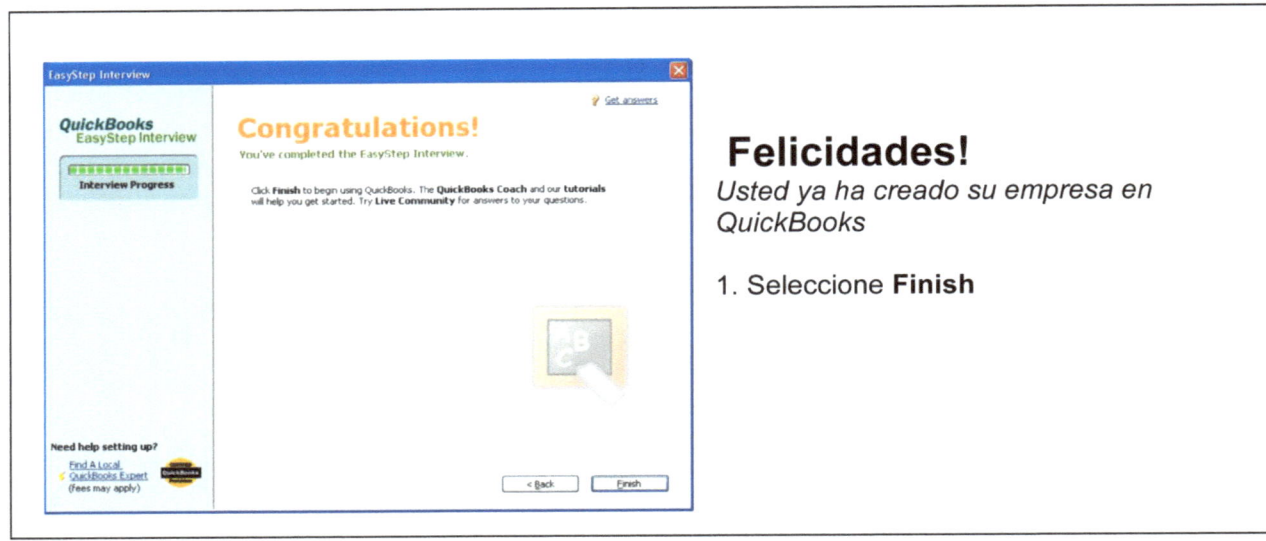

Felicidades!

Usted ya ha creado su empresa en QuickBooks

1. Seleccione **Finish**

Recuerde que antes de comenzar a trabajar con su programa es recomendable que vea los videos tutoriales que se encuentran bajo el Módulo de **Help** en el Menú Principal, **Learning Center Tutorials**

Glosario

- **Accounts:** Cuentas- Contablemente existen cuatro tipos de cuentas principales: Activo, Pasivo, Capital, Ingresos y Egresos.

- **Backorders:** Ordenes de pedidos anteriores no despachados. Productos ordenados por nuestros clientes, pero que no han sido despachados por no tener el inventario.

- **Bill:** Factura de proveedores

- **Chart of Accounts:** Lista de Cuentas

- **Company Data File:** Archivo de la empresa

- **Customize:** Personalizar

- **Customers:** Clientes

- **Estimates:** Estimados

- **Interview:** Entrevistas

- **Invoice:** Facturas de clientes

- **Opening Balance:** Balance Inicial

- **Preferences:** Preferencias- Las preferencias en QuickBooks determinan que funciones usted va a utilizar en el programa y además le permite cambiar funciones que fueron especificadas en la entrevista inicial.

- **Sales:** Ventas

- **Sales Receipts:** Recibos de ventas, utilizados en QuickBooks sólo cuando se recibe el dinero al momento de la venta- ventas al detal.

- **Sales Tax:** Impuestos de Ventas - % del valor total de la venta que se recolecta para luego pagar a las oficinas de impuestos. – Su empresa lo hace como un agente de recolección de impuestos a las ventas.

- **Start Date:** Fecha de inicio de sus registros en QuickBooks. Es la fecha que usted ha seleccionado para ingresar las transacciones en QuickBooks, aún cuando usted esté creando su empresa hoy en QuickBooks, puede elegir como fecha de inicio dos meses anteriores e ingresar la información con la fecha en que se realizaron las transacciones.

- **Vendors:** Proveedores

INDICE

Introducción

Glosario

Notas

Notas

Notas

Notas